獻給母親——

深深的懷念

Gloria Hou, 1988.

尋

—代序

夏日的清晨我倚坐一棵大樹，
清風徐來，搖出滿樹的鳥音。
秋日的夜晚我徘徊在靜靜的湖畔
信手投石，激盪波湖的星星。

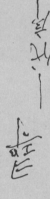

心是一棵大樹，
胸懷是一片清湖，
我等待天边吹来的清風，
尋找投入湖心的小屋。

何秀煌

一九八七年八月十八日作
八八年五月十日寫

一

把一瓣地上的花葉撿存收藏，那是觀賞者的愉悅。不能回歸大地與萬物轉生，却是它的幽怨。

二

戀情的藝術是，怎樣令自己因對方而愉悅，却不使對方因自己而幽怨。

三

除非是智者，否則即使避開人生的痛苦，也往往不能減少生命的幽怨。

四

快樂是沒有痛苦。
幸福才是遠離幽怨。

五

有些人只能獲致快樂的感覺，但却無法達到幸福的境界。

六

愛是一種愉悅。
留不住的愛帶來情的幽怨。

七

美是一種愉悅。
留不住的美帶來生的幽怨。

八

有情有有情的痛苦。
有生有有生的幽怨。

九

戀的眞正苦惱往往不是情的痛苦，而是情的幽怨。

一〇

愛的悲劇不是情的痛苦，就是生的幽怨。

一一

最常見的幽怨是情的幽怨，可是最無奈的幽怨却是生的幽怨。

一二

情的幽怨容有人間的消解。
生的幽怨只有宇宙的答案。

一三

幽怨不是一種痛苦，它是一種難以情願——
對冥冥悠悠的不可抗拒的難以情願。

一四

深度的幽怨是宇宙的欠情。
它是對美好為何如此無力的不解和輕輕埋怨。

一五

幽怨是一種質疑，它不是一種抗議。

一六

認命的人沒有情的幽怨，但卻拂不去生的質疑。

一七

強者容有情的痛苦，但却沒有情的幽怨。
惡者旣無情的痛苦，也無情的幽怨。

一八

有不能自足的意，就有情的幽怨。
有不可抗拒的結局，就有生的幽怨。
（上帝沒有幽怨）。

一九

有心的人常常不是無法解脫情的幽怨，
就是不善處置生的幽怨。

二〇

你因欣賞一朶花的美麗，把它採摘供養瓶中。它却提早凋謝。

二一

你因喜愛一隻鳥的活潑，將它關住籠中。牠却失去了往日的歌聲。

深度的幽怨是
宇宙的欠情。
它是對美好為何如此無力的
不解和輕輕埋怨。

Hou. '87.12.6.

二二

你因欣賞一個女人的優美，娶她爲妻。
怎樣才不令她提早喪失原有的光彩？

二三

至性至情是欣賞優美，心存不忍，知所割愛。

二四

多情不是隨意採摘。
多情是一份存美、存眞、存善的豪放。

二五

「切勿隨意沾手」。
這是自命多情的人的第一條守則。

二六

不是只要熱心就能做好世上的事。

二七

不是多情的人，就能爲這人間帶來更多的幸福。

多情何益？如果不知克制私心。

二八

對於世上的優美，我們需要一份無私的克制。

二九

容忍別人的優美，存留別人的快樂，成全別人的心願——這是看不見的愛，也是天下的至情。

三〇

保持適當的距離是產生美感的必要條件。把這個世界安置在美感的距離之上，人生才有快樂和幸福。

三一

把對象從私欲上隔離，人生是一場有情的戲。將滿懷私欲的自我，投入對象的行列之中，人生成了一番痛苦的搏鬪。

三二

愛的本身含有美感的距離。
可是戀情却要小心美感限界的踰越。

三三

情的精華在於空靈和悠遠。
空靈和悠遠使人生的情懷優美高貴。

三四

把戀的對象安置在美感的距離之上，使戀的情懷脫俗昇華。

三五

失戀的情懷特別需要在美感的距離上去觀賞。

三六

把情人安置在美感的距離之上，有時是件自然不過的事。

三七

能將家妻當做美感觀賞的對象，則是超凡不俗的表現。

智者可以將家妻放在美感的距離上觀賞。
凡夫却把月影星光當做實用的品質對待。

三八

人生的難局之一是如何將自我轉化成爲美感的對象——
將自己安頓在自己的美感距離之上。

三九

存美之心是在克制私情私欲中辛苦養成的。

四〇

存美之心是人生情懷的極致。

四一

存眞最後的根據在於求美。
存善的最終目的爲了創造世上的美。

四二

知識是一種圓美的追求。
道德的理想是一種藝術的境界。

四三

欲望破壞世上所有的美。

四四

私欲令一切的美失身淪落。

四五

美的對象獨立於我們的情意；但是美的品質却靠我們的情意去保存和發揚。

四六

當我們把美的對象放在安全的情意距離之外，美的品質才能繼續呈現。等我們將自我的欲望關聯到美的對象之上，我們立刻將美轉化爲實用的品質。

四七

把靜物放置在美感的距離之上，並不是一件困難的事。要在人事中培養一份脫俗的美感，却需要超人的胸懷和智慧。

四八

人事特別需要安頓在美感的距離之上。

四九

自大像是一隻黃鼠狼，以刺鼻的方法令人察覺到它的存在。

五〇

自大經常是自卑的僞裝。

（獅子未曾聽過使用黃鼠狼的方式）。

五一

自大的人必須不斷自我充氣，否則就像消了氣的球一樣，皮皺臉凹。

五二

自大的人沒有權利批評別人。

謙虛的人却有資格稱讚自己。

私欲
令一切的
美
失身
淪落。

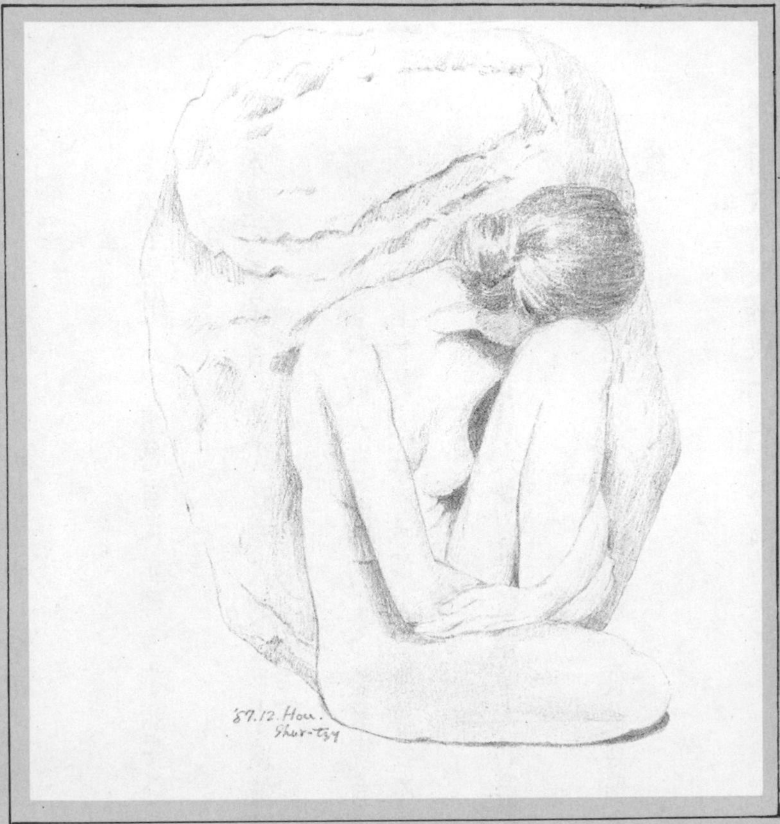
87.12. Hou.
Shu-tzy

五三

自大自傲的人必須爲自己立碑，才能安心死去。

五四

永遠忘不了自己的人在別人的心目中減低了份量。

五五

常常忘懷自我的人在別人的生命裏發現自己。

永遠存心自己的人在自己的人生裏尋找不到他人。

五六

永遠忘不了自我的人把自己當作他人的箭靶。

五七

自大像是把自己塗上一層油蠟，從此與他人的欣賞絕緣。

五八

自大的人好像一個說不成的笑話。

(雖然自己成了低淺的笑料)。

五九

自大的人總是不瞭解爲什麼謙虛的人反而贏得別人的讚賞。

他總想稱頌自己贏取他人的賞識。

六〇

有條規律知識份子必須特別記取：別人並沒有把我們看得像自己覺得那麼偉大。

這條定律特別適用於老是覺得自己了不起的人。

六一

驕傲並不是自大，雖然它們常常互爲表親。

六二

驕傲是眼中無人。

自大是心中只有自己。

（一個是在空中飄浮，一個是在地上膨脹）。

六三

嬰兒是驕傲的品種，但却不是自大的代表。

六四

對於別人的掌聲完全無動於衷，這是不近人情的事。在掌聲之中陶醉，雖然輕浮，但却情有可原。接着一味自我膨脹，無以自拔，則是幼稚可笑的表現。

六五

每一個人都應該懂得自珍自視。有人偶爾也愛順便自我吹噓——但是卽使吹噓也要講究一點藝術，增加一點這個世界的美好或温馨，不要一味膨脹，加深這世界的精神汚染。

六六

木訥和深藏雖然有時不近人情，但却含有一份智慧，也含有一份藝術的幽美。

六七

自大的人不是過份高擡自己，就是過份低估別人——往往兩者皆有。

六八

地位與權力也許可以在一夜之間成事。學問與修養必須長年辛苦方能造就。

六九

名譽無法預先借支。魅力也是。（自我膨脹的人往往想要預支名譽，套取魅力）。

七〇

不能把持自己的人最好不知道自己具有的魅力。（許多自大的人都是無法把持自己的人）。

七一

有些人本來有一點魅力，但因誤用了它，魅力很快消失了。

（喜歡自我膨脹的人透支了他能夠生產的魅力）。

七二

有人因爲渺小的成就而自大。自大使他的成就變得更加渺小。

七三

有人時時覺得自己了不起，只因爲他們沒有睜大眼睛看看別人的成就。

七四

有時我們會爲人類的成就而自豪，直到有一天我們因爲自然的偉大而震驚。

七五

個人的優點往往像是芳香的果，深藏在表面平凡的堅殼之中。但是我們的短處卻像美果外面的粗殼，包藏了我們的優美。

七六

人因過份自信而迷誤，卻因瞭解自己的弱點而保全。

七七

月光的可愛正因爲它清美而不酷烈。

一個女子的美德也在於她的幽雅和溫柔。

七八

可喜的是這個世界有白晝也有夜晚，有光明熱烈的太陽，也有清涼幽柔的月光。

七九

男女在於互相彌補，不在於交互爭鬪。

八〇

男女平等的最高意義是彼此互愛，不是雙方同等堅強。

八一

把女子聯想到優美品質的是上人。

把女子聯想到愛情的是中人。

把女子聯想到性事上的是下人。

八二

女人像鮮花一樣，不應在她的臉上塗抹一層人工的顏色。

八三

花兒怎堪給人塗上顏料，除非那是一朵假花。

八四

優美的女子是自然的藝術。
迷人的女子是情意的化身。

八五

迷人的女子全身都是情做的。

八六

優美的女子令你喜悅。
迷人的女子令你焦慮。

八七

孤立的花朵我們細賞它獨特的姿采。

滿地的花叢我們看到一片籠統的顏色。

八八

與一個人獨處，我們看到他心靈的幽美。
和一大羣人交往，我們只顧他們外表的面貌。

八九

人在孤獨時保有自我，卻在羣衆之中喪失自己。

九〇

我們往往看到茫茫人海中的齊一現象。
事實上每一個個別的心靈都是一個獨特的世界。

九一

愛是一種力量。

九二

愛人的人有一份自發的力量。
他常常也給被愛的人一份感染而來的力量。

九三

在愛情之中，我們不能只靠由對方那兒感染而來的力量。我們自己必須有份自發的力量。

九四

情少了私心成爲愛。戀加上了私心導致慾。

九五

滿足了慾望之後的情是純眞的情。

九六

戀愛到底是爲了慾還是爲了愛，有時我們只是在試探，並不預先知道答案。

九七

當愛一個人而改變了對方的時候，我們有時發現所愛的已經不是當初我們想愛的人。（我們應該避免在被愛中墮落）。

九八

我們經常在愛別人的時候提升自己，却在被人所愛之間令自己墮落。

九九

愛別人而提升了自己，那是眞正的愛。
被他人所愛而墮落，那是縱溺的情。

一〇〇

愛一個人常常改變了愛人的人，也同時改變了被愛的人。

一〇一

（愛是一種力量）。
愛是改變人生的力量。
它是改造人性的力量。

一〇二

愛情失敗的象徵是雙方轉而計較關係的維持。

一〇三

戀愛中的人計較情的擁有而不是關係的保持。結了婚的人往往轉而注意關係的保持而忽畧了情的持續。

一〇四

愛心經常涵蘊着喜悅。戀情有時導致幽怨。

一〇五

愛心之中顯現一片海濶天空。戀情裏頭常常充滿着局限兩難。

一〇六

戀情之中最大的兩難是離開他一生痛苦，不離開他也一生痛苦。

一〇七

戀情有時是一種拘束。

愛心永遠是一種自由。

一〇八

戀情有時隱藏着現實的假話。
愛心永遠充滿着人性的眞理。

一〇九

愛心充滿之際，謊話可能只是好意的慰藉。
愛心消失之時，假言變成一種直接的欺騙。

一一〇

愛情上的光輝爲人性亮起性靈的星光。
愛情上的敗壞給人生添加一個卑陋的成例。

一一一

一個人可以要求自己，但却只能寄望他人。

一一二

當一個人可以要求他人的時候，對方已經成了自己極爲親蜜的人。

戀情有時是一種
拘束。
愛心
永遠是一種
自由。

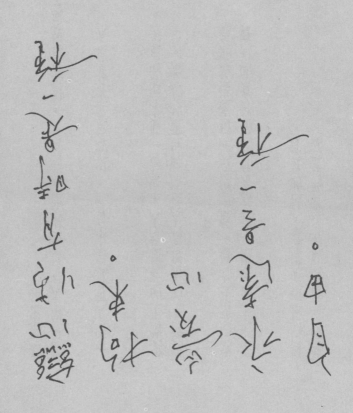

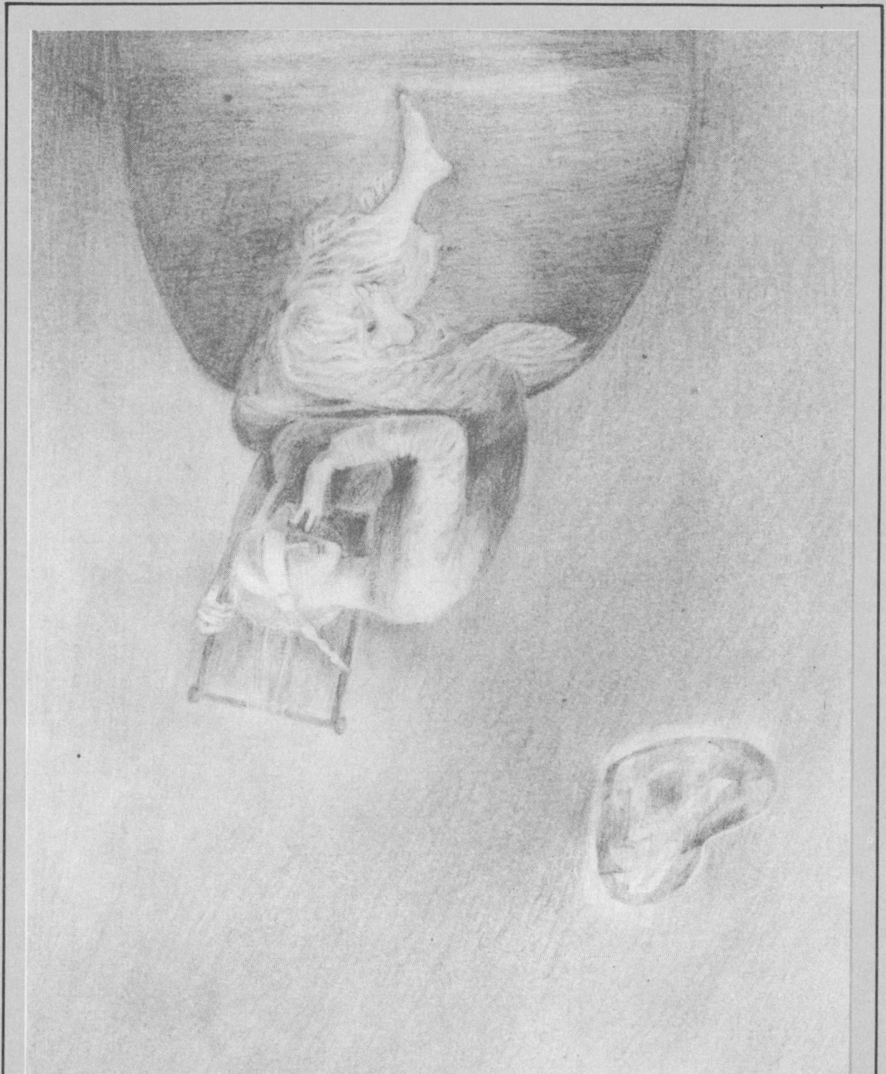

一一三

親蜜的人有時難以要求——尤其是因爲縱情的結果。

一一四

沒有人有絕對的信心可以不斷要求他人。因爲沒有人能夠絕對保證對方依舊與你親蜜如昔。

一一五

能夠要求他人是一種喜悅。只能寄望他人是一種焦慮。

一一六

只是寄望自己，那是一種空靈的胸懷。一心要求自己，才是一種切實的抱負。

一一七

在現實世界裏，樂觀的人常常有種失望的灰心，悲觀的人却偶有一份意外的欣喜。(這是人性的失敗，也是人性的希望)。

一一八

深情往往含藏一份痴迷。

一一九

深情令人沉溺，令人消瘦。
有時令人傷損，令人滅亡。

一二〇

深情需要妥善的呵護。

一二一

處理深情的庸俗方式是將它習慣化，將它例行固定，
有時甚至將它毀滅保存。
（毀滅保存是我們火化遺體的方式）。

一二二

有人把結婚當成一種庸俗的處理深情的方式。

一二三

婚姻有時將深情毀滅保存。

處理保持的庸俗方式是
將它習慣化
將它倒引固定，
有時甚至
將它毀滅保存。

（毀滅保存是我們文化遺体的方式。）

一二四

藝術把深情淨化，把深情昇華。因此令深情轉化，使深情永恒。

一二五

藝術是處理深情的優美方式。

一二六

藝術本來就不是天生自然的。愛情也不一定要跟從野性。

一二七

愛可以培養成爲一種藝術。

一二八

性是一種天生。
愛是一種文明。

一二九

藝術的境界在於幽遠和空靈。

不是在於喚起自然的野性。
（愛的境界也是）。

一三〇

性是自然野性的解放，
愛是藝術情懷的發揚。

一三一

愛有時使人入迷。
可是入迷並不就是愛。

一三二

愛有時令人動性。
可是動性並不就是愛。

一三三

愛並不是性的誘惑，也不是性的糖衣。

一三四

愛上了一個人的時候，也許對方的一切都成了討人喜歡的品質。可是當我們心懷愛意之初，原先卻有一個比較客觀的優美標準。

一三五

愛起於愛人生。

愛人生就是愛一切。

一三六

愛人生的極致在於愛人性。

愛人性的具體表現在於愛人類。

一三七

愛建立在割愛之上。

那些我執過深的人不懂得割愛，因此也就不懂得愛。

一三八

戀情的伴侶是讓我們親愛的對象，不是聽由我們誤用的目標。

（夫妻之間的關係亦然）。

一三九

對方容許我們誤用，並不表示我們有誤用對方的權力。

一四〇

愛是對方容許我們誤用，但我們卻不忍心誤用對方。

一四一

親愛是對方容許我們誤用。
親愛卻是我們不忍誤用對方。

一四二

對方容許我們誤用，我們就盡情加以誤用，愛情從此開始變質消失。

一四三

愛不是平等互惠的事。

一四四

追求愛情不是爭取平等，也不是尋求互惠。

親爱是
对方容许我們误用。
親爱却是
我們不忍误用对方。

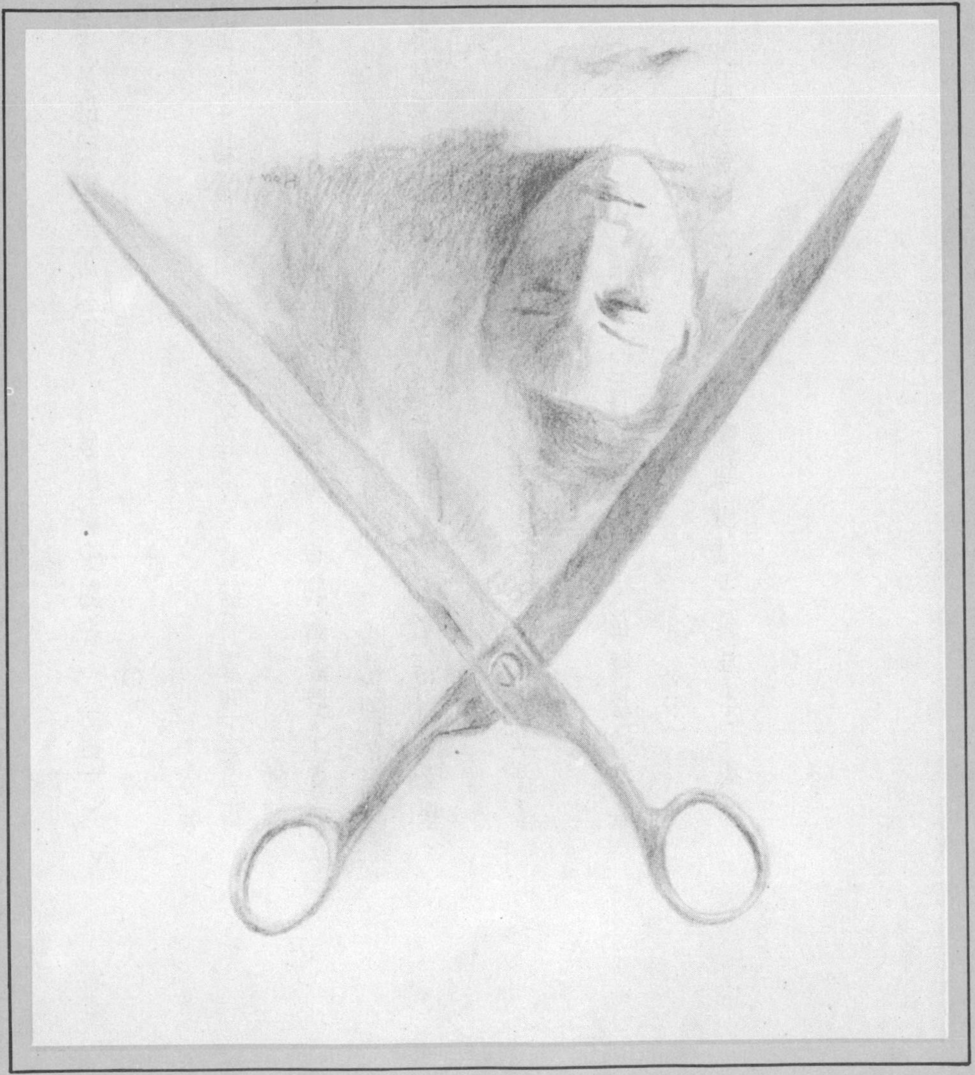

一四五

愛情之中有種不對稱的關係——愛的不對等原理。

一四六

愛是心存對方，無暇照顧自己。

一四七

愛是在成全對方之間發現自己作爲的意義。

一四八

需要誤用對方才能獲得滿足的人首先需要心理的治療。

一四九

愛並不涵蘊戀的事，但却在適宜的條件下自然通往戀的路。

戀並不涵蘊性的事，但却在喜悅的閉目默許下引起性的事。

一五〇

（「做愛」是個不通的名詞。它旣沒表示性的天生自然，又好像隱含愛的矯揉做作）。

有人那裏是在做愛。

他們只是在動性。

一五一

動性和動粗不單只是文法上的結構相似而已。

一五二

「他半夜醒來興緻盎然」和「他半夜醒來欲望發作」，兩者的內容不同何在？

（我們還有更難聽的說辭）。

一五三

性雖然不是愛的事，但却是情的事。

一五四

愛而沒有性的事永遠不會拐離人道。

戀而禁止性的事有時看來違反人情。

一五五

性的事是創作的事。
每一次都產生不同的經驗和效果。

一五六

性的滿足不能影印複製。

一五七

性是有個性的事。
沒有機械性的性的事。

一五八

把握有限的表達媒介，開闢無窮的意境題材，這是創作的本質和精義。
那是文學家的事。
也是性愛伴侶之間的事。

一五九

詩人運用陳舊的語言創造新鮮的意涵。
性愛中的伴侶也是如此。

一六〇

機械，則缺乏詩的深意。
機械，則喪失性的滿足。

一六一

性是集體的創作——那是兩人之間的事，不論是眞實的或是想像的。
（因此性常常是比較艱難的創作）。

一六二

輕輕的撫揉使人迷醉。
重重的敲擊令人驚醒。

一六三

性的事是輕輕的撫揉，也是溫柔的呵護。

一六四

女人需要的是撫揉的迷醉。
男人欠缺的往往是重重的敲擊。

一六五

戀情是輕輕的撫揉。

性事却常常是重重的驚醒。

一六六

性是自我矛盾的事。

它是人們最喜歡的一種自我矛盾。

一六七

性的事有時包藏着醜相的滿足，只是愛的寬大把它包容。

一六八

（微笑有時是明顯的示意，有時却只是一種含蓄的容忍）。

性的事有時只是愛情當中的淺淺的微笑。

一六九

性的滿足可以像寫作或生產所創造的愉悅，不一定得像鼻孔或其他管道通暢後的快感。

一七〇

愛不是管道暢通的快感。

一七一

性事是追求光彩奪目的肥皂泡影。
每一次都在最光彩的時刻破滅。

一七二

愛使每一次性的重新追逐變得有興緻和有意義。

一七三

愛使性的快樂存在於追求的過程，而不依賴它的結局。

一七四

愛的結局是一番振奮。
性的結果是一陣懶散。

一七五

愛在最光彩的時刻永生。

性是自我
矛盾的事。
它是
人們最喜欢的一種
自我矛盾。

性在最燦爛的瞬那消滅。

一七六

愛沒有含藏着自我矛盾。

一七七

感情的表達不是爲了人體孔道的舒暢。

感情不是用來探照別人而是用來照亮自己。

一七九

感情不但顯現了人生的色彩，也同時宣佈了個人自許的價値。

一八〇

感情可以深入學習，但却不能額外透支。

一八一

知道怎樣自處的人，知道怎樣把握感情。

一八二

感情的痛苦是道德的考驗。

感情的艱難是藝術的動力。

一八三

感情的痛苦只有在藝術上才有優美的表現。

一八四

藝術是痛苦的幽美表現。

一八五

道德上的艱難在藝術裏才有圓滿的答案。

一八六

人生的最高境界是道德的境界。

道德的最後境界是藝術的境界。

一八七

道德的極致在於藝術。

一八八

道德的本質是藝術——雖然藝術的本質不是道德。

一八九

藝術不是宣紙或帆布上的塗抹。

藝術是感情生命的昇華結晶。

一九〇

知識是一個人的潛質。

感情才是一個人的品格。

一九一

感情的表現是個性品質的發揮，不是摶取對象的工具。

一九二

感情不是一種工具。

淚水也不是。

一九三

人生是一種藝術的創造。

生命的成功在於人生藝術上的成就。

一九四

人生的努力在於克服生物的局限，走向藝術的自由。

一九五

人生就是藝術。

（道德的最高境界是藝術的境界，人生的最高層次是道德的層次）。

一九六

我們通過這世界看到自我。

因此對鏡子裏的影像反而陌生。

一九七

這世界的投影才是眞正的我。

鏡中的我只是膚淺表面的投影。

一九八

有些人只留下一瞬那鏡中的流影。

一九九

聽來似乎謬異：張眼這個世界，我們觀看到自己的內心。從鏡影中窺視，我們只認出自己的外表。

二〇〇

當我們看到峭壁上的幼苗，能沒有感覺？
當我們瞥看山頭上的明月，會無動於衷？
我們就是那株幼苗。
我們就是那輪明月。

二〇一

一朵花兒只要好好開放，不管是在原野還是在城市。
可是在都市的塵污裏，是否也能開出一朵美好的花？

二〇二

我們每次從小徑走過，總是注視地上的小花和落葉。
直到有天偶爾仰首上望，才訝然驚見枝椏交錯的美妙
圖案和天旋地轉的奇異動影。

二〇三

把遠遠隨風飄拂的秀髮當作高空的輕雲，迎面而來的

面孔也跟着具有一份天上的品質。

二〇四

有時我們會十分驚訝，野地裏那其貌不揚的小草，竟會開出那麼美麗的花。

這對我們沒有一點啓示嗎？

二〇五

接近自然，獲得人生的啓示。

沉緬於人事，蒙蔽了生命的精華。

二〇六

人籟不如天籟。

歌聲敵不過松風。

二〇七

爲什麼只是使用歌喉表達不了高超的情愫？

爲什麼必須訴諸鋼琴的音符，才能顯現幽遠的胸懷？

二〇八

人類並沒有我們想像那麼偉大——只要我們試比一下天籟與人籟。

二〇九

月兒爲什麼不再像舊時那樣銘心刻骨？她一樣發亮，只是我們的心鏡沾染了塵埃。

二一〇

人類並不是漫無目的的遊魂。我們的意志和我們的感情在高處俯視着。

二一一

我們向高處仰望，看到自己滿懷理想的自我。

二一二

當我們在地面徘徊的時候，不要忘了，我們的志氣曾經登上了山巔。

二一三

路上有隻彩蝶飛向叢花深處。

我們只能睜眼目送，無法隨牠探幽深去。——牠有牠的路，我們有我們的方向。

二一四

人生多少迷惘，生命多少誘惑。我們有自己的目標。我們有自己的方向。

二一五

當人間的世事昏暗的時候，不要忘記，還有一對明亮的歷史的眼睛。

二一六

很多人在戀的時候小心追尋愛的眞諦，却在婚後隨意頒佈愛的定義。

二一七

人間的意志在社會人事中淪亡，却又在大自然的啓示裏復活。

二一八

當我們
在地面徘徊的时候，
不要忘了
我們的志氣
曾經飛上了
山巔。

有時人雖立志自救，但卻無力自拔。自然雖不能救人，但給人自救的啓示。

二一九

坐飛機浮遊在雲海青天之際，地面的人間世事顯得渺小、遙遠而微不足道。有時我們必須從利害交織的環境中，抽離自己，打開更開闊的眼界。

二二〇

客觀是在自己與自己之間製造距離。痴迷是在自己和他人之間消除對立。

二二一

年輕時代的歡樂是工作猶如娛樂。年老日子的憂愁是娛樂成了工作。

二二二

年輕不必驕傲。

智慧才值得自豪。

二二三

年輕本身不是一件值得自豪的事——每一個人都年輕過。

可是它卻是一件不可多得的財寶——每一個人的年輕日子都轉眼即逝，不能再來。

二二四

青春只需善用微笑，即可惹人迷醉。

年長必須生發智慧，方足引人傾心。

二二五

不在青春時候培養智慧，年長之後的微笑變得全無光彩。

二二六

人老需要進補。

青春不必打扮。

二二七

理論需要修飾。真理不必化裝。

二二八

眞理像女人一樣，重在純樸的美麗與清淡的自然。

二二九

需要修飾裝扮的年代，已經是青春消逝的年代。

二三〇

需要修補的感情，已經是變了質的感情。

二三一

當我們把理論製造得煩瑣複雜，等於將少女塗抹得脂濃油膩。

二三二

當我們把一個理論構作得煩瑣不堪的時候，差不多已經同時宣佈它難以令人採信。

二三三

愈是聰明的人所需要的理論愈少。

二三四

愈有智慧的人需要愈少的說辭。

二三五

理論是種智能上的化裝。

（上帝不需要理論。）

二三六

清澈的水直接呈現湖底的景象。

明晰的眞理無遺地顯露生命的奧秘。

二三七

化裝用來彌補我們外表的缺陷。

理論用來塡滿我們知欲的空虛。

二三八

誰相信濃妝豔抹的背後，具有一副天眞美妙的面龐—

真理像
女人一樣
重在純樸的
美麗
与清淡的
自然。

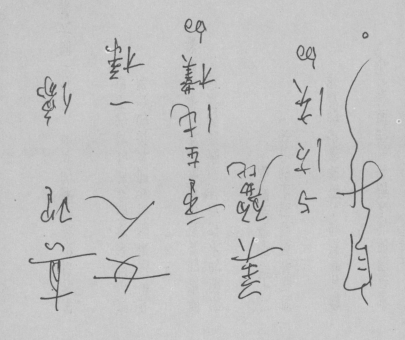

gloria Hau

除非那是在演戲。

二三九

眞理不是一齣美妙的戲。
（理論有時如此，人生有時如此）。

二四〇

人生有時是眞理的表白。
眞理從來不是人生的劇情。

二四一

每一個人有他自己的夢境和「鄉愁」。
每一個人有他心靈感應的波長和頻率。

二四二

童年的溫暖是最美好的人生「故鄉」。
小時候的夢境是一生難忘的情懷的避風港。

二四三

渴望父母的愛是子女的天性。

要求子女的情不是父母的權利。

二四四

能令子女自然地愛他們的，一定是偉大的父母。

二四五

沒有當過父母的人缺少了一種感情。他們也缺少一種感覺。

感覺也許不甚緊要。

感情却來之不易，失之可惜。

二四六

沒有當過父母的人不一定缺乏私心的疼愛，而是不易眞正領畧含辛茹苦的容忍。

二四七

當過父母的人懂得忍讓子女，聽其表現自己，不只一心一意發揚個人的意願。

二四八

為人父母者不妒忌子女。

二四九

不忌妒子女是父母的天性；

不妒忌父母是子女的眞情。

（愛也是如此）。

二五〇

愛子女沒有條件。

愛父母要看存心。

二五一

感情有它自然天生的根。

不只是後天開展出來的葉。

二五二

只是忌妒別人的快樂，而不知感激自己獲得的幸福；只知計較自己的傷痛，而無視別人的苦難；這叫着什麽有良心的人？

二五三

有心的人緬懷他人的辛苦。

無義的人妒忌別人的舒適。

二五四

衝動的人浸染於別人的情緒之中。

明智的人超然於自己的心情之外。

二五五

利用生命的人開發自己的智慧。

享受生命的人沉緬於自己的情懷。

二五六

悲觀往往是對命運的質疑，但卻不是對現實的否定。

二五七

一個悲觀的人也可以是個積極奮發的人。

二五八

一個心存良善而又熱情的人，並無法扭轉人性的必然。這是悲觀之源。

但他却可以力挽人爲之失。這是熱心積極的報酬。

二五九

天眞的人先信賴他人，直到證明其不可信賴。

沉着的人不隨便推心置腹，直到證明對方不必加以懷疑。

二六〇

天眞的人容易傷害自己。

沉着的人不易成全別人。

二六一

天眞的人遠離世俗的糾纏爭紛。

讓沉着的人接管人際的分配安排。

二六二

多麽感傷——因爲當初過份信賴他人。

（雖然感傷，但並不懊悔）。

二六三

我們寧可由於過份信任別人，換來無限的傷感；也不要因爲先置他人於猜疑的瓶罐，換取日後心情的平安。

二六四

情懷受傷的時刻，音樂是親切的醫療。

世人令你失望之際，自然是唯一的友伴。

二六五

讓孅弱的心隱隱作痛吧——如果這樣反而可以爲這世間留存一份美好的話。

二六六

有時一個人活得痛苦，但却爲他人留下温暖的人生榜樣。

二六七

有人曾經怎樣活過，那就是人類的可能性。

二六八

人性的可能不只是一種抽象的概念，更是一些活生生的歷史例證。

二六九

一個人在一生當中往往只能當少數幾次天使，接着可能就在生命的規律裏跌落沉淪。重要的是在他生命發亮的時刻，是否將那點薪火傳給別人，在另外一顆心上點燃了其他生命的星光。

二七〇

流星已經那麼燦爛地劃破了夜暗的天空，難道我們還要取笑隕石靜靜地躺在地上的無奈？

二七一

一個人已經對你閃亮燃燒盡了，容他平淡地繼續存在吧！

二七二

在你身邊發光過的，不要怨他在別人那兒沉落。

二七三

一個人不一定從婚姻裏獲得很多的人生滿足，但却常常從其中學到不少人性的眞諦。

二七四

愈不順利的婚姻，令人領會愈多的人性。

二七五

女子在婚姻上常常起於愛情，但却終於現實。男子却往往起於現實，但却終於愛情。

二七六

命運本多乖，深情終無憾。

二七七

含着情的感傷，唯有隨着悠揚的樂音，輕輕嘆息。

二七八

面對情的幽怨，輕聲嘆息。

在你身边
发亮过的
不要怨他在
别人那儿
沉落。

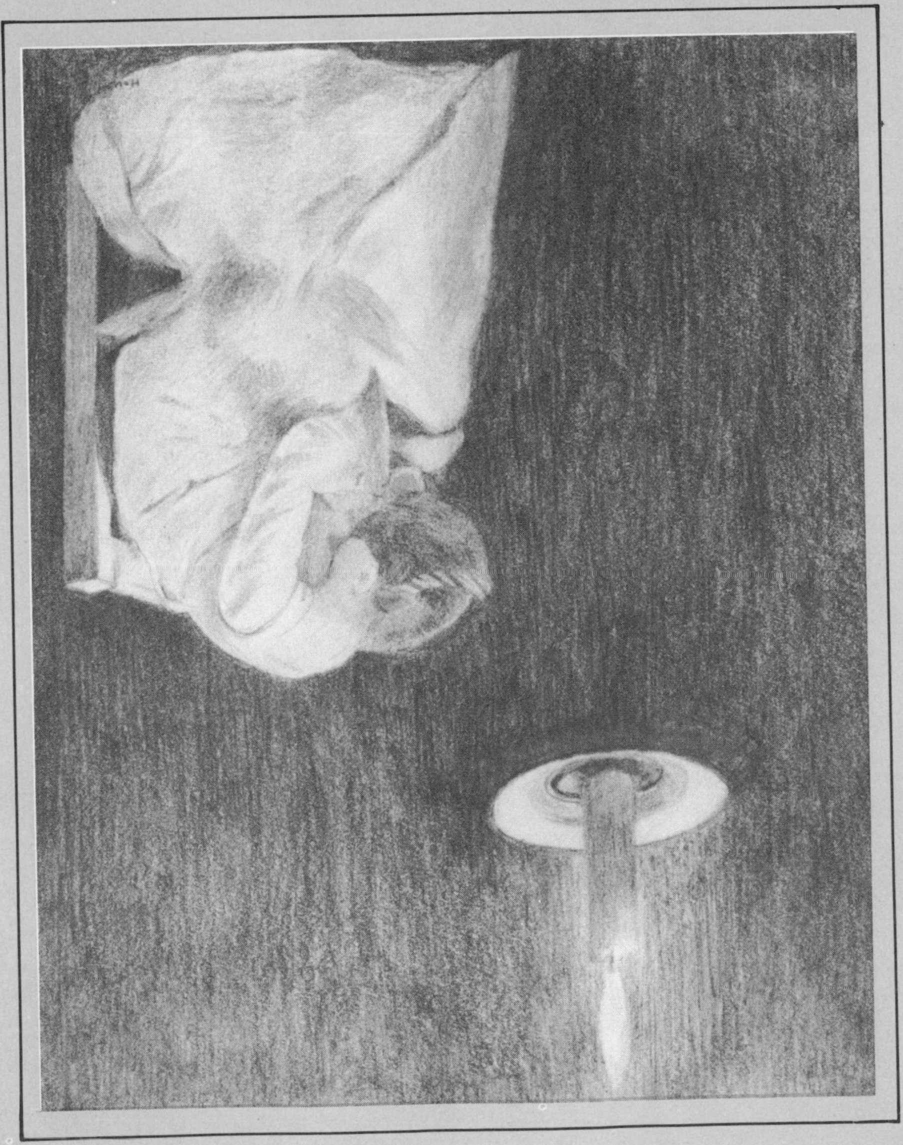

面對情的淒苦，默默流淚。
面對情的悲困，仰天長嘯。

二七九

（不要對一個人失望，就對人性失望）。
難道只因爲受傷太深，從此就不再相信？

二八〇

人生就是如此——有時你必須學會安慰自己。

二八一

人生就是如此——你已經對自己那麽苛求，爲什麽不對別人寬容一笑。

二八二

人生就是如此——你已經對生要求那麽嚴厲，爲什麽不在面臨死亡時，安然處之。

二八三

情將現實推離拉遠。

它把人送向另一個飄浮的世界。

二八四

用情而不循私，愛才有空靈的保證。

二八五

情的內涵並非決定於對結局的展望。
結局的展望往往扭曲了情的內涵。

二八六

情的沉迷令人快樂飄浮。
情的驚醒令人跌落痛苦。

二八七

飄浮是另一個世界的經驗。
痛苦却是這個人間的感覺。

二八八

愛雖不必專爲空靈的結果，但是能否存留空靈的內涵，却無可避免地決定了愛的素質。

情的苦惱基本上就是熱烈循私與兼存空靈之間的爭鬪。

二九〇

情有時因獲得而遺失。那正是因爲空靈的世界崩潰支解，散落到現實的洞穴裏。

二九一

眞正的情是提升到另一個高遠的心靈世界裏進行的。

二九二

肉體的奉獻正式接受了情的叩訪。但是親蜜的接觸常常磨損情那原有的明亮。

二九三

強制製造效果是這個時代的明顯弊病。它降低了文明的品質。——這種急功近利，也敗壞了情的深度。

二九四

這個時代的絕大迷亂是：本來沒有空靈就沒有愛。而今却視愛不可能是空靈。

（有人甚至要認爲「柏拉圖式的愛」是因爲性無能或性變態的結果）！

二九五

即使深信空靈的人不幸走上僞君子的路，他也比唯性主義的眞小人高貴得多。

二九六

不信有空靈的眞情的人，不相信世上人間的一切。

二九七

在私生活上前進，而在公衆事務上保守的人，不一定全是僞君子。他們也許是些負責任的人。

二九八

不要以爲鼓吹當「眞小人」的人，永遠可以爲社會帶來好處。

二九九

有時自由思想家是一些不負責任的人——如果他無法窮一生之力，將他的思想底蘊挖根究底，全盤道出，供人考察，讓人批評討論。至於那些自命前進，絕無見識說明道理因緣的人，充其量也只不過是社會人生的浪子而已。

三〇〇

是不是順乎人性就是值得鼓勵，那就要看我們把人性看成什麼。

三〇一

如果我們一方面承認人有神性，另一方面又承認人有獸性，我們到底要鼓勵發揮哪一方面的人性？

三〇二

教育家將人性看作理想。

浪子拿人性做爲幌子。

三〇三

有時不是我們不願「激進」和「開放」——如果我們能夠將一切底蘊交待清楚，一切後果明瞭透徹的話。

三〇四

激進份子是勇氣十足，精神可嘉的人。可惜有時也是不負責任，缺乏社會教育關懷的人。

三〇五

並非不顧一切走在衆人面前的人，就對落在後面的人帶來幸福與快樂。他們也許帶來更多的罪惡與不幸。

三〇六

不是心存善良，就一定有美好的結果。

三〇七

許多自命前進的人，事實上佔盡社會保守大衆的好處。

（社會保守的大海，飄浮着點點前進的輕舟。）

三〇八

如果精力有限，能耐見底的話，一個人往往只能選擇當個自由思想家，或當個教育家；兩者很難周全兼顧。

三〇九

爲什麽教育家多是些保守的人？教育家不是不願鼓勵新穎和激進。他們需要充分的時間讓人瞭解他們所傳播的訊息的內容眞義。

三一〇

我們都是有待成長的學童，需要不斷的培養和教育——自我培養和自我教育。

三一一

任何思想與意識型態都不會對社會衆人構成危害——

假如我們有充分時間可以從長討論，靜心爭辯，客觀實驗。

三一二

有些說辭只能用來取悅消遣。

有些思想如此，有些哲學亦然。

三一三

謊言是一種說辭的氾濫。

三一四

有些「哲學」是一大套難以拆穿的謊言。

三一五

氾濫的說辭掩閉了眞實的面貌。

三一六

我們爲什麼要追求客觀化？
——爲要避免流於說辭氾濫。

三一七

我們爲什麽要避免流於說辭氾濫？
——爲要尋求客觀的眞實。

三一八

忙碌何益，如果精力白費？

三一九

機器最忙碌。
但它的價值決定於人的目的。

三二〇

機器本身有功能，但却缺乏目的。

三二一

人的器官皆有功能，但不一定自動帶有目的。
（性的器官亦然。）

三二二

不因整天忙碌，就以爲有所成就。
必須不斷發問：學問有無長進？見識有無提升？情操

有無高揚？用情是否更加深刻？活起來是否更有價值？

三二三

在還沒回答人爲何物之前，誰能瞭解世界是什麽？

三二四

要回答人爲何物，誰能不理會心爲何物，意爲何物，情爲何物？

三二五

心爲何物往往比物爲何物更爲重要。

三二六

令人身存在的是物質。
令人性顯現的是情意。

三二七

當我們抽象到哲理的層次時，問題的解答充滿弔詭和玄秘。

（愛蘊涵着割愛。沒有割愛也就沒有愛。）

三二八

當缺乏生命的意義，沒有進步的理想，只是大家上班下班，忙碌一團。這樣的個人有什麼工作意義？這樣的機構有什麼存在價值？

三二九

建制是實現人類價值的工具。它不是勞役人性的枷鎖。

三三〇

任何建制都必須仰賴一個超乎建制才能界定的價值標準。

三三一

一個建制不能自己做爲最後的價值標準。也因此，我們不能將人世間的一切，全都加以建制化。

三三二

建制化是方向化和規範化。
不過，它也導致老化和僵化。

三三三

文化最高的標準不能建制化。
它必須隨人性的演化而演化。

三三四

人活在建制之內。
但他的胸懷必須超乎建制之上。

三三五

人的心志不能由建構內部的標準來界定。

三三六

我們使用建制，推動社會事務。
但是我們不能執着於建制內的標準——尤其不能執迷於它們內部的價值標準。

三三七

建制是
實現人類價值的
工具。它不是
勞役人性的
枷鎖。

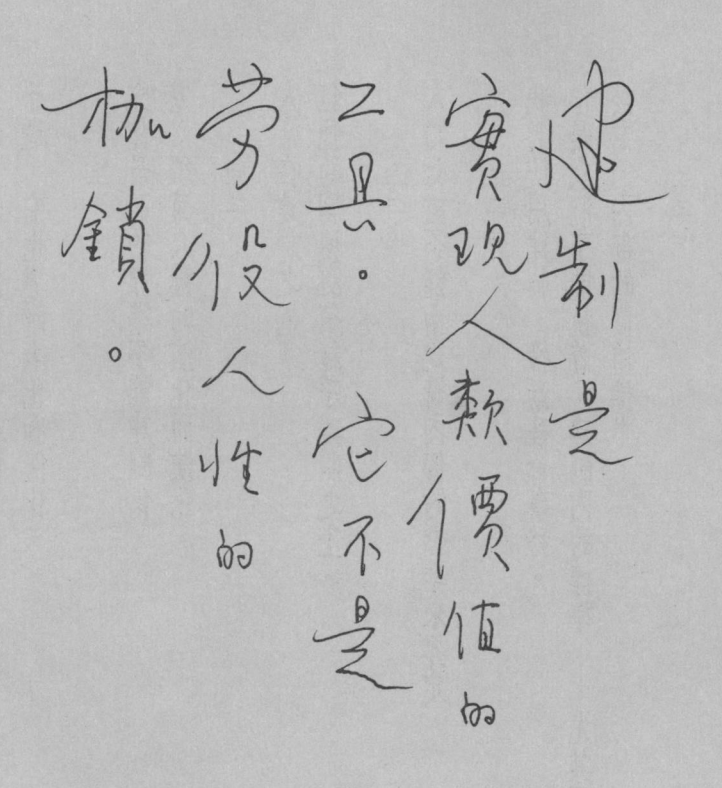

建構與建制一經形成，容易取得自己獨立的生命和慣性。

三三八

學術機構本來爲了推動學術事業。但是一經成爲建制，本身亦可養成不關學術，甚至有害學術的習尚。

三三九

建制常常有它負面的作用。

三四〇

建制的好處是卽使主事推行者三心兩意，甚至不情不願，也可能「半推半就」而「弄假成眞」。

（有時強調制度化的理由在此。有時口號並非完全無用的理由也在此。）

三四一

社會改革有時半推半就，有時弄假成眞。

（情意的發生亦然。）

三四二

我們需要致力建構的推動。
但同時也必須着眼超乎建構的價值理想。

三四三

國家也是一種建制。
連這時我們都需要一種超乎建制之上的價值理想。

三四四

國家不能以它內部的標準，壓制一切。

三四五

愛國往往是個積極的道德標準。
但却不一定是個最高的價值標準。

三四六

知識份子在向建構化的邪惡挑戰之際，有時也含淚忍受世間精華的蒙污。
（大衆化與世俗化本身有時就是一種污染。）

三四七

崇高的道德指向藝術的境界。善良的人生給人一種純潔的美感。

三四八

春天來時，不必張開眼睛，在空氣中也呼吸到她的氣息。

三四九

情像是春天的氣息一樣，何必眉色眼波，更何需話語言辭。

三五〇

春天有多少花木在趕着熱鬧。事實上有幾株眞正値得我們訝異嘆賞。

三五一

春天來時，連遍地的相思林也披上滿身的花球。它們並不是以花取勝的啊！

三五二

相思樹也在春日裏多情起來，開出滿身暗黃的小花球。

它們掩蓋了相思樹原來那嚴肅純樸的濃綠。

三五三

有許多春日的花只增加地上的殘泥和污跡。

人生裏的雜情閒念，不也一樣無關宏旨，一樣殘渣垃圾嗎？

三五四

情是一種分享的願望。

愛是一份共同創造的期待。

三五五

情有時只增加美麗的記憶。

愛却不時爲了獲取彼此的幸福。

三五六

情往往可以一時迴避。
愛却只有不斷勇敢面對。

三五七

情像春蠶一樣，不停地吐絲。
它結出難局重重的繭，將愛包藏圍困其間。

三五八

愛像包藏在繭裏的蠶蛾，從密密重重的困局裏，辛苦地打開一條情的出路。

三五九

情在歡樂的時刻，有兩人甜蜜分享。
可是在痛苦的日子裏，却只有單獨一人默默醫療。

三六〇

感情細膩的，容易受傷。
多情的人，應該謹於用情。

三六一

情像湖中的倒影，綺麗，神奇和不平凡。最怕的是投石在那凡俗的湖水中，頓時打碎全部情的構圖。

三六二

情的精義在於「份外」的志願。一種不受限制和沒有條件的情願。

三六三

情在沒有條件下產生。它在加上約束下終止。

三六四

反抗壓力的情是一份濃烈的情。

三六五

人在尚未深知愛是何物之前，往往已將眞情虛耗費盡。等到漸解愛情眞諦的時候，不是身心兩傷，就是困境重重，終於無力爲愛。

三六六

許多的戀愛，充其量也只不過是感情的練習。

三六七

許多的情的練習，只是自我的感發和自我的動心而已。

三六八

除非有能力去追隨，不然的話，愛只成了空頭的口號。

三六九

含情不就是愛。
有投入才有愛。

三七〇

感情建立在信心之上。
沒有信心也就沒有感情。

三七一

感情變質的特徵是：從前一句簡單的話就令你終身相許；現在一件細小的事就教你從頭懷疑。

三七二

最先出於傾心、敬重或情畏，繼而講究關係，最後追究權益。這是愛情敗壞的線索。也是婚姻失敗的因由。

三七三

沒有自制，也就沒有感情。只是發作，只是情緒而已。

三七四

感情是一種從情緒裏辛苦培養出來的心懷。

三七五

愛情本來建立在良心之上，現在怎能訴諸權益？

三七六

有兩種不同的愛的文化：純情和唯情之愛，以及功能和實用之愛。後者只是假借愛的名義而已。

三七七

不相信有純情之愛的，不相信有良心。

三七八

由相信純情到講究權益——這是愛情敗壞的一般途徑。

三七九

男女感情增進的一般歷程是：有所注意而有所共鳴，有所共鳴而有所傾慕，有所傾慕而有所愛戀，有所愛戀而有所奉獻，有所奉獻而有所犧牲。情願爲對方犧牲是男女感情的極致。

三八〇

夫妻情感敗壞的常見途徑是：有所期望而有所要求，有所要求而有所規定，有所規定而有所限制，有所限制而有所命令，有所命令而喪失情願。情願喪失而有所違背，有所違背而有所隱瞞，有所隱瞞而有所「他顧」，有所他顧導致有所「突破」。喪失情願而隱瞞他顧，令兩人走向愛情的「冰點」。

三八一

眞情是一份深深的牽掛。

三八二

愛是一份克己的眞情。一份不循私的深深牽掛。

三八三

情的矛盾是它在獨處中深刻涵養，却在與對象的交流裏淺薄俗化。

三八四

如果不努力追求，情不容易在共處同居的伴侶之間長存永生。

三八五

情濃的時刻需要孤單獨處。
就是你的至親密友也未必領會那幽幽的深情呀！

三八六

情深的時刻，我們總是追索着情的對象。
面向對象情深的結果，往往喪失了情的深刻。

三八七

情令心神奔放。
愛使情意深刻。

三八八

情的孤獨使愛深刻。

三八九

若有所失，若有所待，若有所即，若有所離。
這是初戀的心情。

三九〇

每一次眞正的戀情都是初戀。

三九一

吹着非凡的號角，喚起驚天動地的愛。
這是熱戀時的壯志。

三九二

熱戀是通過世俗的道路，孕育晶瑩明亮的感情。

三九三

在根本處，世上沒有絶對的公平。
只看我們是否情願。

三九四

天生自然的，我們情願。
命定如此的，我們情願。
但那只是被迫的無奈。

三九五

眞正的情願是對人的一片心懷，以及對人性的無限祈願。

三九六

有人把對人的情願當成命定，看作天成。

三九七

人生的樣態靠我們將它呈現。

人性的理想由我們共同努力加以耕耘。

三九八

理性是人類進化下的產物。

理性本身也在演化之中。

（人類的感性與感情亦然。）

三九九

情是人類演化的表徵。

愛是人類進化的成果。

四〇〇

人性在演化之中。

在進步急速的時代，人類自己的努力，愈來愈扮演一份重要的角色。

四〇一

人類的理性內涵在演化。
人類的感情形式也在演化。
我們正在參與加強人性的演化。

四〇二

在歷史的擺渡之間，有人幸運地乘風破浪，有人苦命地逆流滅亡。

四〇三

乘風的常常是投機分子。
逆流的往往是有情之士和有志之士。

四〇四

乘風的多善於利用人性的弱點。
逆流的往往苦於保留人性的原樣。

四〇五

乘風的常常順意投機。
逆流的往往寄情幽怨。
這雖不是歷史的必然，但却是人生的眞實。

四〇六

乘風的大都敗壞人間的風氣。
逆流的常常保住人性的理想。

四〇七

人性的演化是一個辛苦的歷程。
它不是一件自然輕鬆的事。

四〇八

保衛人性的理想艱難。
敗壞人間的紀綱容易。

四〇九

在歷史的長流裏，充滿着有心、有識、有情、有志的人的幽怨。

四一〇

個人一生辛苦所無法完成的人性願望，常常只能依賴長遠的歷史默默地描繪出一個解答的方案。

四一一

（一大早出門，看見一隻牛蝸在昏暗的臺階往上爬。晨跑了一大圈歸來，牠還在那兒努力。）蝸牛都在努力地爬，我們呢!?

四一二

世上的許多誘惑使人忘却活着的意義。可是權力的執迷往往進一步令人變得面目全非——連最後一點人性的天眞都在他的面孔上消失。

四一三

我們需要一片虛心，才不致在人事滄桑裏沉淪。我們需要一份克制，才能進入歌喉表現出來的優美。

在歷史的長流裡交代著有心、有識、有情、有志的人的幽怨。

四一四

欣賞鋼琴音符的人，很快爬升到空靈的境界。
老是迷聽歌劇的人，容易翻滾在七情六慾之間。

四一五

當你在學問、音樂、友誼、愛情之中獲得滿足，你提升了自我。
當你在批鬪、計策、謀略之間追求成就，你敗壞了性靈。

四一六

人生的價值不可安放在人事的沉浮之上。
否則連親蜜的夢境都會被無端的惡影所浸染。

四一七

人事的糟粕趕緊丢在記憶的字紙簍裏。
好讓生命的園地保有一片潔淨的空間。

四一八

將生命中積沉的幽怨，投向夜海星空裏遺忘。
把人事間的失望，放在青山綠水間昇華。
只有大自然具有那一種萬有的容納。

四一九

時時仰望高空深處的星星。
即使沒有振盪你的心靈，也先益了你的眼睛。

四二〇

大樹的枝葉伸臂天空，爲它的根處收聚天上的雨露。
人類的眼光望向高處，爲他的心靈吸取超人的智慧。

四二一

在繁茂的季節裏，我們看到大自然那蓬勃發皇的信號。
只有在冬寒過後的春枝上，我們驚覺到它起死回生的喜悅。

四二二

夏日清晨的微風像隻柔和的手，輕搖着滿樹的鳥音。

平靜心湖裏那悠遠的情意，像是溫柔甜蜜的耳語，盪漾出滿懷的思潮。

四二三

夏日早起的人，收穫滿樹的鳥音。

四二四

當你早起，大自然是你私人的花園。
當你遲醒，這世界已經成了衆人的廢物場。

四二五

清晨是塵埃仍然懶散沉睡的時刻。
清晨是空氣晶麗透明的時刻。

四二六

在我每天必經的路上，有株壯大的臺灣相思樹。有一天，生物系的人爲它掛上一個名牌。上面寫着「含羞草科」。
好大的含羞草！

四二七

大海的偉大在於能夠容納千古萬人的歡樂與悲傷。

四二八

花瓶裏可以有多朶一樣燦爛的花。
它們不會互相妒忌。
——情不是容納衆豔的花瓶。

四二九

我們不是希望花瓶裏的笑容歷久長新嗎？
爲何情上的花兒我們却失於照顧，甚至忘了寄許期望？

四三〇

有時眞情無限，但却無可奈何。
我們唯有努力設法，不要令自己的生命充滿太多太匆促，太膚淺，太隨便的無可奈何。

四三一

珍視已經萌芽的情，直到無可奈何爲止。

四三二

已經開的花，不要讓它早謝。
這是用情最珍貴的心意。

四三三

情像花一樣，需要栽培與灌溉。
我們沒有能力照顧世上所有的花。

四三四

不斷栽花也許可能。
不斷煽情終歸失敗。

四三五

不是以「愛」爲名開始的嗎？
爲什麼有時連個「情」字都找不到繼續存在的角落！

四三六

這世界不屬於我們。

我們只是寄旅其間的過客。活得優美，活得醜惡，活得充實，活得空虛——那是唯一的眞實。

四三七

情是孤單的旅客。眞情沒有執着的對象。

四三八

有情的人不執着旅程上的驛站。即使黯然神傷，含淚揮別，但却心存思念，胸懷寄許。

四三九

爲天地世間留一個千古動人的「情」字。

（生命本多乖，多情終無憾。）

这世界
不屬於我們。
我們只是
寄旅其間的
過客。

活得優美，
活得醜惡，
活得充實，
活得空虛——
那是唯一的
真實。